오늘 밤은 두근거리는 통증처럼

함동수 시집

상상인 시인선 057

오늘 밤은
두근거리는
통증처럼

•본문 페이지에서 한 연이 첫 번째 행에서 시작될 때에는 〈 표기를 합니다.
•저자의 의도에 따라 작품의 보조 동사와 합성 명사는 띄어쓰기가 달라질 수 있습니다.

시인의 말

'인생은 머뭇거릴 시간이 없다
하루 한시가 촌각이다' 란 생각을 하며 살았다

굴곡을 타고 내릴 때마다
이 부분의 단편이란 생각으로 지나왔다

그래도, 시를 쓸 수 있어서 외롭지 않았고
시로 기록할 수 있어서 참으로 다행이었다

그러나, 이번 파고에서는 겨우 견디는 시간의 연속
아직도 남은 나의 고난의 길은 멀고도 벅차다

그래서, 시를 극복의 무기 삼아 밀고 당기며
행간을 벗 삼아 생의 고(苦)를 견뎌 보리라

얼마 전 떠나신 아버지 영전에 이 시집을 바친다

2024년 여름

함동수

차례

1부 가늠할 수 없는 사이를 뚫고 또 다른 벽을 넘어

원죄	19
이명耳鳴	20
성환에 가서	22
원시原始의 환상들	24
잡초	25
혁명	26
아버지의 침묵	28
실향민 정착기	30
어떤 기원	32
도공의 길	34
라오의 밤	36
풀	38
라오	39
개와 비애	40
물의 환상도	42
가리산에 올라	44

2부 이렇게 빛나는 투쟁이라니

견고한 고함	49
외침	50
시	52
매미 소리	54
매미	56
꽃 진 자리	57
귀향길	58
남중국해를 지나며	60
아버지의 손목시계	61
시간을 묻노니	64
인제에 가서	66
검은 옷과 흰 옷의 사람들	68
독과 약	70
고통의 끝	72
잡초의 위로	73
개불알꽃	74

3부 오직 견고만이 살아남는다

도기	79
옹기의 시간	80
끔찍한 사랑	82
질경이	84
영춘이	86
안절부절	88
아수라 세상	89
사다리 빌리기	90
서두른 가을	92
기춘 아재	94
적막	96
설하	98
강물의 중심	100
헐거움의 통점	102
통증은 진보한다	105
암태아성 항원(CEA) 인연설	106
벽	108

4부 우리는 가여운 영혼처럼 쓸쓸하지 않을까

풍경　　　　　　　　　　　113
견문각지見聞覺知　　　　　114
여름　　　　　　　　　　　115
안사랑　　　　　　　　　　116
요양원은 수용소　　　　　　118
빈틈이 없다　　　　　　　　120
폭염　　　　　　　　　　　122
잡초의 행로　　　　　　　　123
경춘가도에서　　　　　　　124
그러는 사이　　　　　　　　126
그 봄날은　　　　　　　　　128
편지　　　　　　　　　　　130
며느리밑씻개　　　　　　　132
지금　　　　　　　　　　　133
산　　　　　　　　　　　　134
밤과 뱀과 눈　　　　　　　135
지는 꽃　　　　　　　　　　136
마지막 메시지　　　　　　　138

해설 _ 사라진 것들과 이제 곧 사라질 것들에 대하여　　141
조동범(시인)

1부

가늠할 수 없는 사이를 뚫고 또 다른 벽을 넘어

원죄

웅덩이 속 한 줌의 송사리 떼
체온을 넘나드는 염천의 시간

갈증의 시절에 살길이라 몰려든 물웅덩이는
날이 갈수록 땡볕마저 사납게 쏟아져
개천은 이미 갈증이다

비극에
비극을 더하니 희극이 되고 마는 개천 바닥에
불볕더위를 피해 기어들어 간다고
해소될 일이 아니다

인간이 저지른 죄들이 도래했다고
원죄처럼 죄여 온다고
모두들 떠들어 왔지만
'과연 그게 다냐'고 묻고 싶은 날

나날이 몰려오는 뜨거움
다가올 극심한 갈증의 시간
한없이
숙연해지는 여름날

이명耳鳴

어디선가 웅웅웅
알 수 없는 서늘한 질문들이
저녁 하루살이 떼처럼
짜르르 몰려온다

밤새 윙윙거리며 들락거리는
번잡스런 호출에 대하여
해독할 수 없는 외계어에 대하여
나는 대답을 할 수가 없었다

빙그르 휘돌아
밖으로 휘발하는 공명처럼
내 몸 어디선가
끊임없이 울려오고 젖어드는 비명은
그칠 줄 몰라

먼 조상의 슬픈 이야기나
어느 용맹한 투사들의
피 끓는 목소리라도 들려주려나
〈

실체도 없이 들려오는 환성幻聲
맥박까지 울려오는 환청幻聽
고요에 들어서면 어김없이 달려드는 먹먹함
알 수 없는 밀실의 끝

성환에 가서

7월 초순
아침부터 검은 옷을 챙겨 입고는
서쪽 성환으로 길을 떠난다

산 자들이 죽은 자들을 위해
죽은 자들이 산 자를 무작위로 부르는 날
서늘해야 할 풍경은 간데없이
산 중턱까지 꽃들이 만발이다

오랜만에 성지에 와서
묵언으로 인사하면 묵답으로 듣고
묵상하듯 바다 쪽 하늘을 쳐다보며
갈 자리 올 자리를 생각해 본다

1894년 7월 뜨거운 햇볕 속에서도
대창 하나 꼬나들고 숨 가쁘게 오르내리던
너른 성환 들판에서 무수히 먼저 간 임들이
붉은 꽃잎처럼 뜨겁게 피고 지던 날의 잔상들

어느 몸부림이
어느 낙화가

어느 석양이
이처럼 붉고 뜨거웠던가

캄캄한 억압의 시대에
수많은 죽산의 구국 봉기로만
오로지, 백산의 붉은 핏물로만
사슬이 풀리리라 믿었다

백산이 하얗게 붐비던 그날
임들의 휘두른 깃발 의미는
지금도 결단코 옳았구나
단지
제도를 개혁하라는 것
외세는 속히 물러가라는 것
그리고 오리 부패를 척결하라는 것

피 끓는 성환에 와서
호국영령들을 생각하며 뒤돌아보니
아직도
넓은 들은 만화방창萬化方暢이다

원시原始의 환상들

사지死地처럼 조용하던 경안천에
소낙비 내리니 송사리는 간데없고
어디서 왔는지 손바닥 크기의 피라미들이
힘차게 휘젓고 다니는데

사막처럼 뿌옇게 메마른 개울가
저들은 도대체
어디서 왔을까

아무도 보지 못하는 사이
가늠할 수 없는 사이를 뚫고
또 다른 벽을 넘어
개천開川의 바닥이 열리는 환상들

착각이 세상을 덮고
역사를 밀고 가는구나
한판이 죽는다고 아주 끝이 아니었구나
반복되는 원시原始의 환상들

개천은 물을 깊숙이 기억하고 있었다

잡초

8월 잡초는 곳곳에
사람의 손길 없이도
나날이 무성하다

어디서나 흔한 쑥대, 강아지풀, 토끼풀, 바랭이, 뚝새풀,
개망초, 산여뀌, 자리공, 명아주, 쇠비름
밟고 자르고 뽑아도 부활하더라

그러나 풀은 혼자 크는 것이 아닌 법
바람이 잎사귀를 흔들어 주고
서로 어깨를 겨루는 사이 게으름이 키를 키우고
뿌리는 흙을 부여잡으며 자란다

생각해 보니
잡초는 뽑을 일이 아니라
생존법으로 우리가 익히고 배워야 할
과제 같은 것

곳곳에 흐드러진 초록들을 마주하며 드는
한 생각
상생이란?

혁명

한껏 달아오른 여름날
녹음방초로 온갖 잡초들이 무성해
낫을 들고 휘휘 휘두르니 잔등이 댕겅,
잘려 나가며 앞이 훤해진다

히틀러처럼, 나세르처럼, 가다피처럼, 카스트로처럼,
김 씨 왕조처럼

꼴사나울 때마다 휘두르는 낫날에
죄 없이 너부러지는 잡초들
처처불상處處佛像을 망각하고
작은 눈으로 목을 댕겅, 잘라버렸으니
무지한 혁명이다

아무리 길길이 뛰고 소리쳐 봐도
밤잠을 설치며 자라나는
저 무수한 잡초들의 장엄한 행진을
낫날인들 어찌할 수 있을까

혁명은

도박이나 다름없다
어디서도
누구도
저들을 이긴 자가 없었다

아버지의 침묵

묵묵부답으로 말수가 줄고
그 사이를 침묵이 채워버린 우두커니
헐거워진 보청기 사이로
질문과 대답이 어긋나 버리는 대화록

밥보다는 약이 먼저 식재료가 된 후로는
그저 조용히 묵묵부답으로
흔들리는 의자 위에 앉아
먼 산을 더듬는다

까맣게 그을린 얼굴은
주변 풍경에 묻혀 보이지도 않지만
병고보다도 외로움과 그리움은 견딜 수 없어
수시로 휴대폰을 눌러댄다

밤낮 나앉는 마루 위 흔들의자
포장용 금빛 나일론 천으로 둘러 덮은
의자 위에 앉으면 황금빛 배경으로
조용히 묵상하는 부처가 된다
〈

쇠약은 몸보다 머리에 먼저 도착하는지
신처럼 사는 두 사람
증조부와 증손녀가 백 년을 걸쳐
또 한 해를 지나간다

실향민 정착기

연로하신 부모님이 내쳐둔 시골 밭은
십여 년 전부터 토착민들이
이쪽을 파고 저쪽을 파헤치며
이리 떼처럼 달려들었다

그들은 내 어릴 적부터 그때나 지금이나
우릴 호구인양 수시로 기둥 밑을 삽질하여
파먹고 찾아들며 포악질을 해댔다

엄연히 법이 있건만
아랑곳하지 않고 무지를 내세워
오히려 기세가 등등했고

하다 하다
변호사를 선임해서 소를 제기하니
그놈도 시간만 뜯어먹고 내쳐둬
뻔한 소를 증거불충분으로 패소하곤 그래도
수임료는 선불로 당당하게 받아 갔다

땅도

집도
사람도
내 손아귀에 있고
내 눈에 보일 때
우리 것이었다

부친이 전쟁터에서 목숨값으로
얻은 텃밭이어서 쉽게 처리도 못하고
그저 이곳저곳에 소작을 주고 있던
풍광 좋은 동네 언덕 밭

밭이 문제가 아니라 예부터 대대로
토착민의 손孫들이 무지를 상속받아 영악해진 걸 몰랐지
그걸 참고 60여 년 간 견디느라 멍이 들었지
다 지나고 나니 보름달처럼 환히 보이네

어떤 기원

텃밭을 가꾸러 나갔다가
담 밑으로 떨어져 입원한 팔순의 장모님
입원 첫날은 알아보시곤 손이 아프도록
꼬옥 잡아 주셨다

만날 때마다 '왜, 안 죽어' 하시며
면구스럽다고 애를 쓰시던 대장부 장모님이
어느 때부터 새벽에 나다니시다
교통사고로 몇 달간 병원 신세를 지고도
기행은 멈추지 않았는데

이번엔 갈비뼈가 여러 개 부러져
호흡이 불안정하다며 호스를 끼우니
말도 못 하고 불편하다고 손짓만 하다가 그것도
며칠 지나자 그저 조용히 들숨 날숨뿐

초봄이면 온갖 꽃잎이며
순한 새싹 줄기와 심지어 송피도 알고 있는
아내의 어린 시절은
홀어머니의 빈곤을 눈치로 안다

〈
홀로 씩씩하게 아이들을 키우시며
몰래 눈물로 설움을 삭이던 여자 대장부도
장성한 아이들을 보며 서두르기 시작했다
어서 오늘이라도 갔으면 -

결국 보름이 넘어서니
모친의 고통을 덜어드리자는
가족회의에서 호스를 제거하니
조용히 잦아지더라

마지막 잡아 주시던 손아귀 힘의 의미와
미리 성환 천주교 묘지로 불러 모았던 의미를
그리고 무덥던 장례식은 모든 설움을
일시에 덮어 잠재우며 사그라져 갔다

도공의 길

태토(胎土)를 두드리고 두드리며
토신이 잠에서 깨어나도록
시를 쓰는 것처럼
도개를 수백 번 두드려 주무르는 동안
마음이 닦여나가는 도개(道開)는
비로소 저절로 열리는

손가락부터 손목까지
그를 쥔 어깨와 상체까지
물레를 타고 도는 회전의 속도는
둥근 원뿔이 끝날 때까지 놓지 못하는
뜨거운 고행이지만

물레를 돌리는
이 한 번의 기회가 천년의 전통을 세우고
허물어지지 않을 견고한 성이 쌓여
우리 가고 없는 먼 후일에도
이 손길은 빛이 날것이다

무명의 흙이 손안에서

온전히 마음에 닿을 때까지
문양이나 소망도 새기기 전에 그는 이미
도陶의 환상도를 수없이 들락이며

그대는
이미 불꽃을 넘어 하얗게 생멸의 순간을 넘나들어
재현할 수 없는 화살처럼 뜨겁게
시위를 떠나간나

* 질그릇 따위를 만들 때, 그릇의 속을 두드려 매만지는 데 쓰는 조그마한 방망이.

라오의 밤

저녁 해를 푸르게 삼켜버린 메콩강
캄캄한 밤을 울리는 보트소리는
앞을 가늠할 수 없는 라오의 귀로다

라오Lao는 이제
하늘에서나 땅에서나
캄캄한 강물에 젖은 긴 밤이
깃들어 있다

수천 년 빛나던 별
찬란한 기억 스러진 석조물 사이로
빛을 잃는 시간이
지루한 갈증의 한낮을 지나고

적막한 어둠에 갇힌 라오가
노을처럼 젖어 있다

어둠 속에 잠자는 라오
빛을 잃은 라오여
〈

짙은 어둠 속
환하게 일어나는
역사처럼 흘러 출렁이는
메콩강

* 라오Lao : 라오스의 원래 국가명.

풀

피라미조차 깔딱거리던 마른 개천에
태풍 장맛비가 세차게 쓸고 내려
풀들이 물살에 억눌려 납작 가라앉은 거기쯤
바닥인가 했는데

비 그친 개천을 보니
물살이나 바람에 쓸려 죽을 수 없다며
실뿌리를 바닥에 꿋꿋하게 박고
또다시
성성한 풀밭을 만들고야 말았다

흐르는 물조차 어쩔 수 없고
바람조차도 어쩔 수 없는
풀은 끝내 홀로 일어나
몸을 곧추세운다

라오

가도 가도 풀썩이는 흙길과 허무한 들판

산인지 들인지 알 길 없는 원시

인적 끊긴 무심한 풍경 속에

끝없이 이어지는 허름한 일상들

검은 소와 지루한 들판과

폐사지 이끼 낀 검은 석조물의 침묵

잠든 돌무더기 사이에도

개 같은 이념이 섞여드니

오래된 허기가 길가에 노숙자처럼 늘어앉았다

짙푸른 땅의 빈곤은 나른한 오후를 지나고

개와 비애

길이 끊어진 골짜기 끝자락
집 가까이 다가가니
뜰 앞에 매어둔 개가 펄쩍 뛰면서
사납게

내일 점심때 건너오라고
그것도 한 시 반쯤에 오라는 전갈이
미심한 생각이 들었지만
개가 마중 나와 사납게 짖을 줄은
미처 몰랐는데

저만치 나무 밑에
공허하게 투시되는 개집 하나
그리고 밥그릇 하나

이미

비었다

역시, 잘못 왔구나

내 오늘
길을 잘못 왔구나

그래도 너는

여기
비애 한 채는 남기고 떠났구나

물의 환상도

빙그르 돌고 돌아 걷잡을 수 없이
수챗구멍으로 빨려 나가는
순환의 길을 떠납니다

다시 만날 수 없는 것처럼 아득하지만
물은 언제나 깊은 곳 물길 따라
낮은 곳
도로 그 자리입니다

세상의 낮은 곳을 채우다
넘치면 또다시 아래로
빈 곳을 찾아가는
물의 행로는 발끝마다 은혜롭습니다

강물에서 바닷물로
돌고 돌아가며
묵묵히 되돌아 솟아오르는 물은
주천周天'의 순환길

물은

그저 흐를 뿐
강바닥의 크고 작음을
탓하지 않습니다

흐르는 동안 줄기차게 물바퀴를 돌리는
바람신이
한시도 강물 곁을 떠나지 않고 있었습니다

* 주천周天 : 온 하늘, 육안으로 볼 수 있는 천체의 범위.

가리산*에 올라

산이 가팔라질수록
무게 중심을 지면에 바짝 붙이고
겸허하게 땅에 엎드려
한 뼘이라도 산에 가까워져야 한다

코가 바닥에 닿을 정도로 가까워지면
퀴퀴하게 낙엽 썩은 내도
향긋한 맑은 흙내도
가늘게 기어가는 개미도 보인다

얼굴이 땅에 점점 가까워지는 급경사는
정상에 오르려는 자
땅바닥에 바짝 엎드리라는
산신의 말씀 같다

심장이 엔진처럼 쿵쾅거리며
간신히 절벽을 기어올라 가리산 정상에 섰을 때
푸른 소양호의 물빛을 보며
숨을 고르는 중인데
〈

발아래에선 날개미들이 때 맞춰 짝짓기 하느라
바글바글 따끔, 물기까지 하니 아쉽지만
위태로운 정상에서 사진 몇 방 찍고는
쫓기 듯 내려올 수밖에 없었네

* 강원도 홍천에 있는 산.

2부

이렇게 빛나는 투쟁이라니

견고한 고함

무덥게 찌는 날
분노에 찬 시위의 외침처럼
날카롭게 터져 나오는 확성기의 단말마
맹렬하게 치솟는 절규의 농도는
염천 불속이다

"우리의 사정을 모르면
힛소릴랑 집어치우고
책임자나 나오라 그래-
오죽했으면 이 짓을 하것냐"

더울수록 이 견고한 고집을
이긴 자가 없었지 그러나
아무리 소리치며 악을 써 봐라
목련처럼 목을 툭, 툭 꺾고 사라지는
서늘한 풍경을

여름 한철
푸른 나무에 매달려 사는 매미들
그 밑에서 합죽선 들고 무상무념에 든
백발노인 하나

외침

누가 죽었는지
아침부터 장송곡이 쩌렁쩌렁
종일 지겹게 울어댄다

오후엔 누군가 음악 씨디를 바꿨는지
가요도 나오고 심지어 댄스곡도 나온다
군대나 징역 사는 거나
시위나 모두 시간 죽이는 일인데

-우는 짓도 힘들다

굉음도 며칠 지나니
이젠 귀에 익어 노래도 따라 부르고
흥 따라 어깨까지 들썩이며
어느 땐 아우성이나 구호까지도
따라 지른다

이 외침이 들려야 할 사주社主에게도
박자에 맞는 노래로 들리는지
신나는 음악에는 사무실 구석에서

리듬을 타는지 모를 일이다

-올 겨울은 춥겠다

아우성도
지독하던 담배 연기도
며칠 지나니 이젠
구수한 체취로 번져나가고

언젠가부터
악을 쓰며 외쳐대던 외침도
지루한 시간처럼 흘러가더라

시

어느 누가 심지 않아도

물 주지 않아도

거름을 뿌리지 않아도

잡초는 어디서나 억세게 살아남아

잘도 자란다

가뭄이나 장마에도 더욱 뿌리를 굳세게 붙잡고

악착같이 살아남아 무리를 이룬다

결코

스러지거나 패배한 적이 없다

네펜데스˙처럼

끈질기게 살아남아 꽃을 피우는 잡초들처럼

내 시詩는 언제나

이렇게 빛나는 투쟁력으로 살아남아

너른 풀밭이 될까

* 잎 끝에 주머니처럼 생긴 포충낭에 벌레가 들어오면 분해 흡수하여 영양분을 섭취한다.

매미 소리

울음이 소란할 때

배 속은 언제나 허전했다

동네 가운데 큰 나무 그늘 밑에선

땜장이의 아내와 아이가 냉국을 훌훌 들이키며

빈속을 채우던 염천 날

긴 하루 숯불을 안고 땀을 흘리며

복더위에 냄비를 때우는 그 남자는

그래도 기죽지 않고

허기진 아내를 달래며 울음을 삼켰다

쉼 없이 울어대는 매미 소리
〈

찢어지는 긴 울음소리엔

사나이의 뜨거운 눈물도 섞여 있었다

찌 ㄹㄹㄹㄹ-

매미

가뭄의 갈증은 나뭇잎까지 올라 있는데
어디선가 힘들여 가며 빽빽 내지르는
울음 섞인 하소연

아직도 여기저기
억울하고 분하다고
한철 물 좀 올랐다고
하찮은 위로처럼
그러나 맹렬하게 울부짖는 한 줌의 항거

찬바람 이는 처서에 이르면
갈 곳도 없이 나앉은 고양이처럼
소슬한 흔적만 남는다

꽃 진 자리

봄밤의 가로수를 보니
화사한 꽃잎은 간데없이
꽃 진 자리만 푸르르
날리는데

꽃 진 자리 저리 애절한데
사람 진 자리 생각하니
아늑하다

끝도 없이 꽃이 피고
꽃이 지면
너도 나도 언젠간
소리 없이 지는 법

괜스레 꽃 진 자리 서성이지 말자

오늘은
그저
화사한 봄밤이니까

귀향길

살다
살다 어느 날
갑자기

친구나 이웃이 가고
부모 형제가 없어지면
그게 바로
제 갈 길 가는 거라고

이렇게 쉬운 걸
그간 나는
왜
알지 못했나

그 길은 언제나 항상
누구에게나 조용히 숨죽이고 지켜보다가
순간, 조금이라도 틈이 보이면 냉혹하게
결決을 가르는 비애였는데

완고한 시간은 언제나 항상

내 곁에 바짝 붙어 앉아 있다는 걸
그대가 가고서야
처음 알았다

언제나 환호처럼 열려있는
저 언덕길
그 길은 지금
내 곁에노 훤히 열려 있었네

찬란하게

남중국해를 지나며

구름이 흐르고
바람이 모이고 흩어지고
물처럼 흐르고

물과 바람의 길
아득한 구름과 바다
오전 11시 30분

끝도 없는 남중국해를
눈이 지치도록 밟고 지나갑니다

아무도 거칠 것 없는 허공을
펄펄 날아갑니다

아버지의 손목시계

거실에 울타리를 치고 앉아
오는 이는 있어도 결코
수월하게 나갈 수 없는 엉거주춤
그 경계를 벗어나지 못하는 행동반경

거동이 자유롭지 못하면 시간이 지루하고
얇은 손목에 시계조차 없으면
방안 가득 불안이 차는 이유는 뭘까

- 시계가 안 간다-고

- 고장 난 시계를 보내세요! -

- 시계를 찾을 수 없어서 못 보낸다-고

팔순 때 둘째 아들이 사드린 세이코도
어느 관청에서 선물 준 시계도 자꾸 멈추니
시간만 보고 있는 아버지는
초침 바늘처럼 가다 자주 멈춘다
〈

어젯밤에도
잠자는 나를 전화로 깨워
'시계가 안 간다'고

아버지의 시계는 왜, 자꾸 멈추는 것일까
왜, 아버지는 자꾸 먼 길을 다녀오는 것일까
밤낮
화장실은 왜, 무서워하는 것일까

언제부턴가
손목시계를 잊어버리거나
시곗바늘이 멈추거나
시계 줄이 손목을 빙빙 도는 시간

생각해 보니
그 시간, 이미
아버지의 아슬한 경계의 시간

지금도 아버지는 초침을 좇아
그, 어느 시간을

찾는 중인지도 모른다

미지의 세계를 들락거리며

시간을 묻노니

시골집에 들어서니 첫인사가
'저 빌어먹을 놈의 시계 좀 맞춰 놔
저놈은 언제나 제멋대로야'

하루 종일 거실에만 앉아서 뵈는 게
그 시계뿐인데 그때마다 틀리다며
이미 벽시계에 화난 얼굴이 붙어있다

구순하고도 중반을 넘는 노인이
무슨 바쁜 일로
시간을 재야 한다는 뜻일까

'시간이 맞느냐'고 묻곤
조금 후에 시간이 맞느냐고
되묻는 이유는 또 무엇일까

아버지는 시간이 맞느냐고 묻고
어머니는 시간을 맞춰야 한다고 하시고
나는 시간이 이토록 중요한 이유를 모르고
〈

시간의 의미가 다르지 않을 텐데
근래 와서 시계 타령인 이유를
한참 지난 이제야
나도 조금 알 것만 같다

인제에 가서

동해를 거쳐 돌아오는
애꿎은 효도 겨울 여행이 시리다

올해로 아버지는 96세이고
몇 해 전부터 시작과 끝의 기억들은
가기도 하고 멈추기도 한다

집에 가자는 아버지를 달래며 지나는 밤중에
겨우 안정된 칠흑 같은 산중은
아버지가 50년에 전쟁하러 뛰어다니다
그 부대가 주저앉아 어머니를 만나
고향이 돼버린 인제군 수복지다

전쟁터로 뛰어다니던 인제 땅
황혼에 둘러보는 인제는
산도 포성도 당신처럼 조용하기만 한데

이리저리 둘러봐야
보이는 건 모두 산수뿐이지만
아버지는 알 수 없는 그 어느

치열했던 전장戰場을 찾는지

정초에 떠나는 아버지와의 가족 여행
이제는 알 수 없는 기억 저편을
먼저 다녀오는지도 모른다

검은 옷과 흰 옷의 사람들

잘 들어!

요즘은 잠을 통 잘 수가 없어
자는 밤중에도 밖이 시끄럽고
얼마 전부턴
검은 옷과 흰 옷 입은 자들이 웅성거리고

엊그제부터는 들소들까지 쫓아 와
와글거리며 울어대고 난리를 피워대니
잘 수가 있나

그리고 말이야
언제부터인가는 형제들까지 자꾸 찾아온단 말이야
얼굴도 잘 기억이 없는 먼 놈들까지
그리군 자꾸 시끄럽게 뭐라 떠들어

어머니는 잠자코 듣고 계시다가

'그들이 가자고 하면 같이 손잡고 가시구랴'
귀 어두운 아버지를 곁에 두고

'부디 내 손에서 가세요
내 손 떠나면 어디서든 서럽답니다'

늦지 않게 어서 가라고

나 있을 때
어서 떠나시라고
재촉이시다

독과 약

예부터 백가지 잡초를 뜯어
찧어서 바르거나 달여 마시면
깊은 병도 낫게 한다는 백약초에도
독초毒草는 섞여 있다는데

독이 약이 되는 일
불치병에도 구명의 약으로
이렇게 극으로 어우러지는 걸
독수약과毒樹藥果라

사랑도 짙어질수록
가시는 왜 날카로워지는지
부푼 밀도만큼 괴로움의 농도도
코로나처럼 무섭게 짙어지려니

선악은 왜 잡초처럼 서로 섞이고
쾌락과 죄악은 왜 그리 가까운지
잡초에도
봄이 오면 싹이 트고 꽃도 피나니
〈

잡초가 들꽃으로 변하는 순간
독이 약이 되는 신비한 아이러니가
새파랗게 무성하다

고통의 끝
-2013년 5월 29일 오후 03:40

아침부터 머리에 통증이 온다
통증은 못 견디겠다는 아우성이라
어디서부터 시작된 소리인지 알 수가 없지만
진동과 소음이 며칠째 울리고 있다

노을이 만든 긴 그림자가
미련처럼 쉽사리 떠나지 못하는 것처럼
터널이 길어질수록 지쳐가는 시간들
고통은 통증처럼 모양 그대로 몸에 박힌다

나는 매일 통증으로 산다
네가 그리워도
너를 미워해도
또한, 너를 생각만 해도

어쩌면 다행이랴
두근거리는 통증으로 추억이 쌓여만 간다

잡초의 위로

흔하게 자라나는 잡초
거추장스런 풀을 잡초라 한다지만
들풀도 당당히 꽃이 피고 지는 행로를 보며
뜨거운 위안을 받는다

목숨을 부여잡고 밤낮을 지새우며
오늘도 흔들리는 명을 구걸하는
세상의 모든 병든 자들에게
잡초는 한 줌 위로가 된다

더 이상 투약이 희미해질 때
마지막으로 찾아가는 간절한 기도가 백약초라

세상의 높고 낮음 없이
속절없이 펄렁이며 너부러진 들판의 모든 풀들이
더없이 귀하게 여겨지는 것이
어디 병든 내 생각뿐이랴

개불알꽃

이름을 흉하게 지으면
오래 산다고 개똥이, 쇠똥이, 끝순이로
이름 지어 부르던 시절이 있었다

아무리 말 못하는 잡풀이라고
개불알꽃이라니
천지에 널린 풀이라고
지은 이름조차 욕처럼 붙였다 해서
사진을 보니
쿡, 웃음이 나온다

어쩌면 그리도
탐스럽게도 적확的確한지
다시 부르기조차 민망하지만

요즘은 까치처럼 봄소식을 가져온다고
봄까치꽃이라 부른다는데

잠시 생각해 보면
만물이 처처불상이라는데

환하게 피어나는 개불알꽃들에게 이젠
까치꽃이라 곱게 불러주고 싶다

3부

오직 견고만이 살아남는다

도기

흙을 빚어 가마에 넣으면

온 천지가 시뻘겋게 달아올라
본래의 넋 같은 것도
존재라는 것도 모두 희미해지고
오직 견고만이 겨우 살아남는데

황홀한 자기瓷器의 환생은
재가 되기 전에 그 너머를 거칠게 다녀와
쨍하고 투명한 쇳소리로 쨍쨍하게
생각 이전의 무기질이 되는 것

도陶에 이른다는 것은
소실消失을 넘어
신에게 바짝 다가서는 것

고요하고 뜨겁게
열반에 드는 것처럼

옹기의 시간

허공을 끌어안는 마음으로
젖은 몸을 비우는 시간은 이젠
흙으로 돌아가고 싶은 마음도 없이
둥글게 부풀어간다

햇빛도 들지 않는 그늘에서 아주 천천히
둥근 몸을 말리다가 반짝
어느 빛 좋은 날 유약을 몸에 두르고 다시
그늘에 앉아 숨을 고르는 동안은
깊은 고요가 토향에 취해 잠들곤 하지

소성燒成으로 밤낮 하루 불길을 날려
천 도를 넘나들며 혼백마저 하얗게 사라져
나는 이미 어제의 내가 아니고
수 겁을 지나 시원이 되었다가
재가 되었다가 다시 돌이 되어 돌아갈 수 없는
완고를 이루고

톡 치면 온몸을 감싸고 흘러나는
향기로운 종소리가 메아리로 들려올 거야

흙에서 태어나 팽팽한 옹기의 굳은 의지는
햇볕 아래 오래도록 익어가며 너를 기다릴 거야

벌써 내 몸에선 진향이 나고 있어

끔찍한 사랑

천년 도자 가마터에 가서
도자 한 조각을 얻어왔는데
이 파편은 백자도 청자도 아닌
투박하게 바닥이 터져 버린 내화갑이었는데

바닥은 터져 올라 반쯤 깨져버린
투박한 파편 조각은 두고 봐도
한 켠이 아려온다

바닥이 솟아나
터져 버리고
오죽했으면 반쪽이 깨져나갔는가

열을 견디는 화구 속
간절하고 끔찍한 사랑은
도가陶家에도 있었구나

미친 열기의 한계치
깨지고 뒤틀린
그날 그대로

화마ː火魔를 지나는 순간은
더없이 숭고하다네

질경이

매일 콩나물 국이 올라와 '이제 그만 달라'니
내내 말없이
국물만 후룩거리던 그녀

IMF 사태로 한가해진 어느 봄날
염전에 나와 아이들은 신나게 뛰노는데
마누라는 들에서 질경이를 뜯으며
점점 멀어져 간다

땅만 내려 보며 한 포기 캐고
또다시 한 포기 다듬고
비닐봉지에 풀을 따서 넣는 모습에
괜스레 허기진 비애가 몰려온다

기껏 놀이터로 찾아온 염전에
수없이 고개 내민 짱뚱어를 좇아 뛰다
사라져 버려 지쳐 핑- 도는
붉은 염전 하늘가

노을이 무너지는 염전밭 둑에서

아직도 쪼그린 그녀를 보니
어느새 흩어진 머리칼 곁으로
주름이 거뭇하다

불룩해진 비닐봉지를 들고는
말이 없어진 그녀
간절하게 다듬은 질경이가
서녁상에 풀밭처럼 널리겠지만

땅거미 밀려오는 저녁 무렵
내 가슴엔
화려한 석양의 노을조차
왠지 서럽다

영춘이

부인을 버렸다

부인을 놓쳤다

부인을 얻었다

전 전 부인이 죽었다

아무도 가지 않았다

세 부인은 착하다

부인이 아니고 곁이다

그저 곁을 주고 있어

가끔 땀 좀 흘리는

여자가 있었다
〈

영춘이는

언제나

혼자 그렇게

날을 까먹으며

낡아가고 있었다

안절부절

흙을 빚어 물레를 돌리다가 문득
신이 마지막 날 흙을 빚어 인간을 만들었다는
성경구절을 생각하며

내 갈비뼈 하나쯤 뽑아서 흙을 빚어 콧바람을 불면
천사 같은 여인도 만들 수 있다는 호기가 생기네

나도 흙이었고 당신도 흙이어서
이렇게 곱게 빚어 천삼백 도로 시뻘겋게 구워
깨질까 부서질까 안절부절 살아왔는데

어쩌다 돌이라도 맞아 산산조각이 나면
깨진 파편은 천년이 지나도 흙으로 돌아갈 수 없이
평생 산산散散일 수밖에 없을 것이네

도자는 깨지면 다시 만들 수 있지만
당신은 다시 만들 수도 없으니
수천 년을 안절부절 어찌 바라만 보겠나

아수라 세상

비 오는 날 수남이네 마구간은
질펀한 오물로 뒤덮인 아수라 세상
요람인 양 태연히 엎드려 뒹구는 소들을 보니
차라리 경건한 마음이 드네

진정 불구부정不垢不淨에 상관없이
오감을 지나 거처의 분별을 넘어
태연하게 누워있는 저 마구산이 다시 봐도
최고의 도량이라 생각하네

진정
흥건한 마구간의 저 아수라 바닥이
내게만 보이는 것이 아니라면
마구간을 요람으로 여기는 우공들은
이미 법신法身이라

고요하고 유유자적하며 엎드려 꿈꾸는
바로 저기
질펀한 마구간에 느긋하게 누워있는 우공들 사이로
와우臥牛가 되어 입을 우물거리면
나도 부처가 될까

사다리 빌리기

친구네 집에 사다리 빌리려 가니
소 두 마리를 따로 키우다가 팔 거라며
칸막이 공사가 한창이다

가축은 그냥 가둬놓고 똥 밭에 구르는 게 전부지만
맨 끝 칸으로 이끌 때면 직감하고 버틴다는데
까만 눈을 깜빡이며 목을 가로 뉘어 잠자고 있는
노란 송아지를 보고 있자니 한 켠이 저려온다

저들의 운명을 생각해 보니
그들은 무슨 큰 죄를 지은 것도 없으나
왜? 끝내 처참한 고깃덩이가 되어야 하나

단지, 여우같이 약삭빠른 인간의 두뇌 때문에
사육당하고 끝내 살육당하는
피의 역사가 여기뿐이었는가
인간사에도 축축하게 깔려 있는 비극의 역사는
언제나 축사의 바닥처럼 일상이었지

인간은 가축만 잡아먹는 게 아니라

오늘도 같은 모양의 인간상을 서로 죽이며
뜯어먹고 사는 식인종이라네

그나저나 우공들을 지나야 사다리를 가져온다는데
아수라를 지나치다 눈감고 참선에 드신 와우臥牛께서
일어나실까 조심, 조심스러워지네

서두른 가을

내가 던지고 그가 받으면
그다음이 다시 내 차례였지만
그가 받기도 전에
나는 날카로운 창을 속사포처럼 또다시
던지고 있었다

"너는 왜 빨리빨리 대답을 안 하는 거야
생각은 행동이 아니잖아
그러니까 내가 던지면 곧바로 반응이 와야지
답답해 죽겠어
답답해"

청춘일 때는 그것도 매력이었지
그것만이 전부니까
투명하고 깔끔하잖아
그러나 나이가 무거울 때는
행동도 대답도 천천히 가도 되는데
나는 항상 먼저 가고 있었다

저기 뵈는 언덕길을 넘는 일만 남았는데

왜 이리 조급할 것일까
그리고 왜 아직도
저들은 빨리 대답을 않는 것일까
나 없는 시간에 메아리처럼 올까

또 걱정이다
그래 난 너무나 급하다
가는 것도 오는 것도

"아, 지금 이렇게 한가하게 떠들 때가 아니야
빨리 대답을 해"

기춘 아재

오랜만에 만나자마자

땅바닥에
산,
금,
26, 이라고 쓰고는
우 -데데데데!@&**^%^$

뭐라 뭐라 ~ $%()$%^&˙
생각보다 더딘 발음이 급하게 튀어나오는데
숨 가쁘게 손가락으로 하늘을 찌르며
춤 시늉까지

스위치 끈 확성기
고요 속에 투사된 잠수사의 입술
찌는 여름 날씨가 갑자기
싸하다

동생이 한 통역은
'산악회에 가서 춤 장기자랑으로
금 1돈을 타서 26만 원을 벌어 기분이 좋단다'

〈
이 한 줄의 의미가
모스 부호처럼 캄캄하게 전해오는
저릿한 음파의 비애가 비로소
돈오처럼 들린다

알아듣기 힘든 외계어로
통역이 필요한 언어로
불편한 눈초리를 감내하며 평생을
불통으로 지냈을 아재의 운명이란

사랑 없는 결혼으로
이국 땅에 시집온 신부들의
차디찬 외국어가 이명같이 들려오는
신호의 고통처럼

그래도 기춘 아재는 유쾌하게
이웃들과 어울리며 등산도 가고
상도 타서 자랑도 하고 있으니
본능적으로 사는 법을 터득한 게 다행이다

적막

바글바글 끓던 보청기가 갑자기 캄캄해졌다
온 세상이 고요하다
차라리 해방된 것처럼
시원하다

그리곤 적막이다
고요하다 못해 절벽이다
적막이 우아한 시간이라니

이렇게 암전이 되고 나면
삐걱거리던 헌 차도 부드럽고 상냥하게
스르르 미끄러져 나가는 아이러니는
추가 덤이다

가깝든 멀든 같은 소리로 닿으면
구분할 수 없어 먹먹하던 그때
단절이란 정말 오지도 가지도 못하는
오직 내면으로의 회귀다

캄캄한 절벽이란

절망이 아니라 또 다른 무한이 확대되는
시작과 축복의 시간
신은 이렇게 갑자기 오기도 하는데

기도하듯이 새롭게 써 내려가는 기록이
역사가 되는 시간
얼룩진 그림자를 지우고 다시
또다시 새 그림을 그리는 시작은 그래서
혁명적이다

그간 우린 너무 뛰기만 했었지

설하

막 돌이 지났다
그래도 말귀를 알아들었고

에미가 출근하느라
우리 집에 맡긴 날

먼저 에미가 울며 가고
밤새 아이도 울었다

또 그 아이를 안고
할미도 따라 울었다

엄마에 대한 그리움은
절대적이어서

에미 보러 가는 날엔
신발을 먼저 신고 나서고

에미를 보낼 땐
안녕, 하며 손을 흔들었다

〈
세상은 모두
시간에 이끌려 지나고

우리는 그 아이를
설하雪夏라 불렀다

강물의 중심

너와 나
눈길이 만난 것처럼
무릎이 맞닿은 것처럼 서로 만나면
강물처럼 정이 깊어지네

강물의 중심은 소리도 없이
강가의 나무와 돌 틈을 지나며
머무르지도 넘치지도 않고 쉼 없이
바다로 흘러가듯이

남한강 북한강이 만나는 양수리 두물머리처럼
위아래가 섞여 얼싸안고 춤추며
눈물겹도록 반가운 두 손을 잡아보세

무지하게 가로막은 철조망을 걷어내고
70년간 오가지 못한 비무장 지대에서
다 함께 모여 춤추고 노래하는
한나라의 축제장을 만들어

너와 나 한반도 한가운데 서서

남북이 춤추며 얼싸안는 날
우리도 예전처럼 가랑이 샅처럼 만나
뜨겁게 가슴 비벼가며 신나게 살아보세

헐거움의 통점

독한 주사를 몇 개월 맞고부터는 매사가 헐렁해졌다
그 주사는 우고, 좌고 무차별적으로
조직을 삭제하는 무제한 능력을 가졌다

옹이처럼 뭉쳐있던 그 조직을 절제한 후
헐렁해진 장(腸)사이에도 여유가 생긴 것은 결핍의 증거
새벽부터 시작돼서 진통제가 풀릴 때까지 변의(便意)는
지독하게 결장에 스위치를 누른다

바지부터 티셔츠까지 넉넉해진 공간의 틈 사이
가슴과 다리 사이로 서늘한 바람이
오가며 드나든다

통증의 시간은 계량되지도 않고
야속하게도 안으로만 내통하면서
헐렁한 장(腸)사이에 날카로운 발을 내밀고

내장(內臟)으로부터 퍼져 나오는 울음을 어찌해 볼 수 없어
  순간, 모든 행동은 비상식으로 시작되는 허둥지둥

머리마저 처박고 데굴데굴 구르는 치욕스런 통점의
극한 시간

지금 나는 홀로 혹한기를 지나는 중
이 지독한 고통과 견딤의 시간을 지나면
환생할 수 있다는 맹종을 굳게 믿으며
매섭게 찢기는 중이다

한계를 못 견디겠다고
처박았던 자세를 다시 벽에 다리를 높이 쳐들고
장(腸)을 다스린다고 생각하며 온몸을 탈탈 털어낸다
이 해괴한 춤사위로 절절한 진통은 지나가는가

한계를 넘은 통점
한순간
아파트 9층 난간을 넘고 싶은
유혹이 먼저 보인다
그 순간을 이해했다

이 추한 자괴감은

어디로 보내야 하나
오늘도 머리 처박고 통증을 넘어서려는
나약한 인간은 발버둥이다

통증은 진보한다

오전 10시
오늘도 어김없이
통점의 열차를 탄다

통과 순서대로 깊은 곳으로부터
드디어 통점의 문이 열린다
통증이 모습을 드러내려 하면
통증보다 공포가 먼저 달려든다

고독한 고통의 공간
흘러내리는 중력이 그대로 통증으로 치환되는 시간부터
혼미해지는 머리는 그대로 캄캄한 블랙아웃이다

감내할 수 있는 고통의 한계
이성의 극복 지점에 닿기 전 얼른
마약성 진통제를 털어 넣는다

그쯤에서 멈추라
껍질까지만 녹아라 그리고 퍼져라
무섭게 달려드는 공포는 끝내, 어느새
병원 응급실로 커브를 다급하게 돌고 있다

암태아성 항원(CEA) 인연설

혈액 검사 중에 태아성 항원은
탯줄로 이어진 모성으로 모태에서 생산되다가
출산이 되면 생성이 중단되는 단백질인데
성장하여 몸속에서 암세포가 발병하면
다시 모성이 생겨나 몸속을 돌아다닌다고

태아 시절에만 나오던 세포 보호 물질이
성년으로 살아가다 암세포가 발생하면 다시 솟아 나와
비상벨이 울린다는 이 기묘한 모성의 인연은
바로 신을 보여주는 것

모태의 보증기간은 어미의 몸을 떠나 평생으로
무덤까지 보호하는 모정의 인연을 보며
천륜은 보이지 않는 세상에도 서로 밀고 당기는
무궁한 흡인력이 있었는데

그러니 아이에게 위해가 벌어지면
서로 천 리를 떨어져도 천륜의 느낌을 받아
가끔 '꿈자리가 뒤숭숭하니 조심하라'는
전화 잔소리가 예사가 아니었네

〈
인류사의 영원한 숙제였던 인연설을
태아성 항원(CEA)은 세포작용으로 알려주고
모자母子 간에 인연이 이렇게 깊은데
패륜하는 잡종도 있었으니

그나저나
암데아'성 항원이 발견되는지
내 검사 차트를 얼른
찾아봐야겠네

벽

인간은 얄팍한 종이 한 장 너머의
벽도 넘지 못한다
작은 통증이라도 지속되는 시간은
고통의 벽

통증의 횟수가 잦을수록
머리는 공포에 휩싸여
두려움에 머리를 처박는다

인간이 원래 이렇게 약한가
동물의 왕국에서는 다리 하나쯤
등가죽이 벗겨져도 펄쩍 뛰어 달아나던데

인간은 작은 통증 하나에 노예가 되어
거꾸로 땅바닥으로 엎드려
절절매는 나약함이라니

머리 처박은 다리 사이로 보니
언젠가 사놓고 읽지 못한 책들이 줄줄이 꽂혀
뽀얀 먼지를 뒤집어쓰고 있다

〈
시각을 바꾸니 보이는 지난 나의 행로
바닥을 기니 보이는 흔적들
휘청인 나의 궤적인 저 책들도
지금은 또 하나의 아득한 벽

중년 이후 또다시 나타난 위기에
이것이 혹시 enter를 치는 변곡점은 아닐지
아니면 end를 치는 키는 아닐지
나를 의심하고 시대를 의심한다

내일의 삶이 어떨지
한 치도 내다볼 수 없는
간단한 미래도 커다란 벽이다

4부

우리는 가여운 영혼처럼 쓸쓸하지 않을까

풍경

땡볕에 익어가는 붉은 고추

다리 끌며 고추 따는 그을린 얼굴

서늘한 저 풍경

그리울 날 머지않았다

견문각지 見聞覺知

병신년 여름

석 달을 하안거에 들었다 해제하고

무엇을 깨달았나, 물어보니

견문각지 見聞覺知

더운 줄 알면 그뿐이지

또 뭐가 있겠는가

여름

푸르른 오후

소나기 내리면

고요한 선방禪房에도

닫힌 눈으로 귀가 열리고

흐드러진 나뭇잎을 때리는 빗소리도

냉큼 방으로 들어와 앉아 버리네

안사랑

시민 백일장 심사를 하다가
글은 눈에 안 들어오고
이름만 도드라지게 튀어나온다
아니 이런!

중고등 학생부로 응시한 그녀가
그토록 불려 왔고 불려 갈
호출 번호같이 메아리치며 들리는
그녀의 이름은
안사랑

사랑아
사랑아
내 사랑
내 안사랑아

깊고도 깊게
빠져 헤어나오지도 못할
그 독한 순간에도
그녀는 배반으로 일어설 것처럼

〈
심사가 끝날 때까지
이름처럼 가여운 영혼으로 쓸쓸하지는 않을까
왜, 내내 안달이 나는지

끝내, 생각해 봐도
그녀의 걱정이 아니라는 건
확실하나

요양원은 수용소

이천의 한 요양원
그들은 입만 열면 입속의 혀처럼 스며들어 왔다
너무 부드러우면 미끄러지기도 한다는데
구옥같이 낡은 모습 외엔 알 수 없었다

지인이 잘 안다는 병원 겸 요양원으로
모신 지 67일 만에 문제가 있음을 눈치채고
주말 퇴원을 즉시 통보했다

그러나 그곳은
요양療養원이 아니라 수용收容소였다
수용소가 아니라 호스피스 수용소였다
걸어 들어간 이가 나올 땐
한 발자국도 걷지 못해 죽어야 나올 수 있는
퇴원 불가 원칙의 더러운 속셈이 깔려 있었다

먹으라면 먹고 자라면 자야 하고
먹다가 흘리거나 거부하면 숟갈로 가슴을 때렸다
숟갈의 무게와 증오가 합쳐 상처 난 가슴팍엔
나날이 통증이 더해왔다

〈
6.25 전쟁에서도 불사신같이 살아남아
국가 보위에 큰 자부를 느끼며 살던 이 땅에서
마지막 받은 노병의 대우는 치욕스런 숟갈 고문이었으니
자식들을 얼마나 원망했을까

그러나 지금도 입 닫은 한 마디는
'옛날 같으면 너희들은 모두 총살감이다'라는
단말마에 대해선 말문을 닫는다
그 비밀이 만약 어느 날이고 터져 나온다면

그게 나도 무섭다

빈틈이 없다

수술을 하고는 퇴원쯤에
'한동안
종양내과에서 담당할 테니까
몇 달 다녀오세요'

날아온 말끝이 더 공포다

빈틈이 없다
듣던 대로 종양내과 담당의를 검색해 보니
바늘 하나 틈이 없이
깐깐하기 이를 데 없는 인상이 역시
타협이 없어 보였다

만나 보니 차가워 보였지만, 오히려
들락이는 대화는 부드럽게 열렸다
겉은 차디차지만 내면은
따스한 온기를 넘기는 여유 있는
이 교수

그 후가 더 문제였다

〈
새벽부터 채혈을 하고 인파 헤치며 결과를 보러
진찰실에 들어가면, 환자의 심리를 뚫어보는 듯
생글거리는 미소 뒤엔 어김없이
무서운 독약을 처방하곤 2주 후에 보자며
웃어 주는 순간, 끝이 아니었다

그가 처방한 2주간은 생지옥이었다

폭염

폭염이 널름거리는

한 줄기 빛과 그늘

모두 환영의 그림자

생사고해生死苦海를 넘어서는 일상은

어느덧 불지견佛知見*에 이른다

* 부처님의 지혜로 세상을 보는 견해.

잡초의 행로

무성한 풀을 갈아 묻으면
땅속에 썩어 거름 된다고
기남이 친구는 이른 봄부터 수차례
밭을 갈아엎는다

평생 김매던 어머니
하루 새 커가는 풀이 무서워
여름 내내 풀만 깔려도 연신
제초제를 뿌려대지만

봄이면 싹트고 꽃 피우며 영토를 넓히는
그들의 장엄한 행로를 어쩌랴

경춘가도에서

꽃 피는 봄밤
소양강가에 둘러 선 미루나무도
강둑에 지루하게 부는 바람도
휘청거렸지

너무 멀어서
가쁘게 달리던 조바심
들고날 적마다 경춘가도의 불빛은
반쯤은 졸고 반쯤은 울었다

울렁이며 달리는 경춘가도
붉은 신호등도 구부러지는 호반길에서
우리는 강물처럼 출렁이며
꿈을 꾸었지

골목으로 들어서는 그대
다시, 돌아 환호하는 그대는
갈망의 스무 해 세월을
단숨에 넘어버렸지
〈

늦여름에 멈춰 선 강가
안개 낀 바람은 열기와는 다르게
너무나 시시하게 불었지

지금쯤
소양강가에 홀로 피었을
들꽃 하나
화사하게 피어 있겠지

그러는 사이

엉겁결에 빌려주었던 뒷밭이 수년간
폐자재와 쓰레기로 상처투성이 되어 뒹구는 모습에
저린 마음으로 다시 돌려달라고 해도
임대인은 끄떡도 하지 않았다.
기다리다
기다리다
철 지난 유월에야 삐걱 옆으로 몸을 비틀었다.

그사이 밭에는 짙푸른 풀들의 나라
잡초들이 하늘 높이 풍성하게 피어오르고 퍼져나가
키만치 자라나 음침한 숲을 이루니
풀도 사람도 무서운 생각이 든다

온 밭에 무성해진 명아주
가볍고 든든해 노인들이 짚고 다니며
지팡이 만든다는 명아주가 유독 드세게 퍼지는 이유가
무릎 아픈 아버지를 위해 뜻이 있겠지 생각하다가
어머니 성화에 시원하게 갈아엎었다

사정 어려운 이웃을 돕는다고

선의로 빌려준다는 말이 오가니
이삭이 팬 논을 겁도 없이 오만하게
하루아침에 갈아엎더니

십여 년
반환 요구에도 그는 비열하게 웃었고
그러고도 또 다른 땅을 파헤쳐
십여 년을 복구한다는 말만 하다가 끝내
겨울 잡초처럼 주저앉아 뭉개 버렸다
그러는 사이

시름시름
그 집의 꽃밭도
주저앉아 시들어 버리더니
새싹조차 보이지 않은 이유를 모르더라

그 봄날은

날마다
따스하고
화사한 꽃길이었네

햇볕도 바람도 나뭇잎까지도
팔랑거리며
봄바람으로 맞아 주었지

찬란하게 터진 꽃망울
멈출 줄 모르는 봉우리의 속도여
그때처럼
그대로 멈추라

비가 오나
해가 뜨나
매일 아침이면 문을 열고
꽃밭으로만 달렸네

언제나
온 세상이

푸른빛으로 싱싱하게
꽃잎보다도 화사하게 피었지

달아오르는 열광의 거리에
열정도 주르르 흘러내리는 여름날
정오를 지나 가을이 오기 전
찬란이 흐려지는 계절에

우리는 서로 낙화를 근심했었지
미열이 남아 있는 상징들이
황홀했던 노을이 바다에 잠기듯
봄날은 저물어 갔네

편지

소식이 끊긴 지
몇몇 해

심부름꾼으로 꽃을 보낸다
파랑새는 꽃을 물고
강줄기를 따라 오르며

꽃을 심는 마음으로
꽃 피울 마음으로
시를 써서 보낸다

연필로 편지를 쓰고
색연필로 그림도 그리고 쓰고
또 써서
꿈 편지로 보낸다

뿌연 답장이 오기 전에
또다시
여름꽃을 보내는데
〈

가을이 다 지나도록
끝내
꿈은 깨지 않았다

며느리밑씻개

엽신葉身은 어긋나면서 삼각형으로 뾰족하며
양면에 털이 있고 잎사귀에 거슬러 난 갈고리에
가시가 삐죽삐죽 솟아있으니

아무리 며느리가 밉기로서니
가시 줄기가 줄줄이 늘어선 눈엣가시 같은
가시풀을 밑씻개로 주다니

눈도
마음도 불편한
그 이름
며느리밑씻개 풀

그래도
국가표준식물목록에는 의젓하게
가시덩굴여뀌라는 예쁜 초명草名으로 있다니

세상의 며느리들아
이제 마음 놓으시라
그대도
내 사랑하는 딸이니라

지금

여기 없는 바로 그 자리
시간에 없는 현존
늘 변하고 있는 의미 없는 바로 그때
그대로 있고 없음이다

지금
여기에 나타나는 실체는
현존하는 것이 아니다 이 무한은
모든 경험이 사라진 뒤에
스쳐 가는 현재로 남는 것

어떠한 사실도
어떠한 생각도
어떤 특별한 경험이나 머묾도
지금 여기 있고 없음이니

나는 지금
어디를 헤매는 것이냐
어디쯤 가는 것이냐

산

천만년 침묵으로
고요한 그대

달처럼 별처럼
시간을 먹어도
변하지 않는

네가 있는 곳
내가 있을 곳
무궁이 사는 곳

그곳은
언제나
거기 있는 네가
신이다

밤과 뱀과 눈

가을엔
밥 먹으러 오라는 전화보다
밤 주우러 오라는 전갈이 더 반갑다

한 손에 부대 자루를 들고
또 한 손엔 낫을 들고
밤나무 밑으로 들어간다

독이 선 뱀을 만날까 묘한 두려움으로
들어서는 밤나무 밑
눈을 피해 숨어 있는 밤

검불 하나 풀잎 하나
투시하지 못하는 것이 인간의 혜안이다

지는 꽃

꽃이 피는가
돌담 곁에 장미 한 송이
탐스럽게 피는가

수고했다

꽃 한 송이 피는 동안
얼마나 많은 수고로움이 있었느냐
얼마나 많은 바람과 햇빛이 쓰다듬었느냐

찬란한 꽃 한 송이
그것만으로 세상의 아름다운 뜻
충분하였네

국화 향 퍼지는 저물녘
꽃 한 송이 허물어지는가

수고했다

수고했다

〈
그간 수고했다

꽃 지고 나니
향기 자욱하구나

마지막 메시지

여보슈?
여보슈?
딱 두 번 부르곤 연극처럼
암전 -

광년을 지나 날아온 아버지의 음성
전화를 걸듯 받던 습관대로 받으면서도 여보슈? -라던 육성은
부재에 대한 재확인이었나

무엇이 궁금했을까 아니면, 아직도
걱정이 남은 것일까
장례 후 5일 만에
생시처럼 들려온 환청의 의미는

그런데 지극히 궁금한 것은
저승에서 선도 없이 무선으로 온 전화의 버튼은
언제 누른 것일까

이미?

〈
아쉬움과 그리움 안타까움이 혼재된
아버지의 부재는 한동안 서늘한 가을바람처럼
내 곁에 남아 서성거릴 것이다

왕조부터 비극의 6·25전쟁 참전까지
격랑의 시간을 보낸 아버지의 시간들
이제
당신의 생은 완성을 이루셨네요

⊗해 설

사라진 것들과 이제 곧 사라질 것들에 대하여

조동범(시인)

 많은 시인이 죽음을 통해 시적 지평을 펼쳐 보인다. 죽음을 탐문하는 것이 시적 당위처럼 느껴질 정도다. 함동수 시인 역시 이번 시집을 통해 죽음을 바라본다. 하지만 그의 시선은 그곳에서 멈추지 않는다. 그는 삶 이전에 존재했던 세계를 통해 우리가 맞닥뜨리게 될 죽음 이후를 사유하고자 한다. 시인은 죽음이 끝이 아님을, 그곳에 우리 삶의 근원이 있음을 알고 있다. 그에게 삶은 죽음을 향해 나아가는 것이 아니다. 또한 죽음이 삶의 끝이라고 생각하지도 않는다. 그런 점에서 함동수 시집 『오늘 밤은 두근거리는 통증처럼』은 죽음을 응시함으로써 삶이 시작된 곳으로 돌아가려는 의지이다. 이러한 시적 의지는 베르나르마리 콜테스가 희곡 「목화밭의 고독 속에서」에서 '제로Zero'를 지향하거나 최승호 시인이 시집 『모래 인간』을 통해 '공空'을 탐문한 것과도 같다. 이들은 죽음 너머가 삶의 애초와 연결되어 있음을 강조한다. 우리 삶이 죽음에서 멈추는 것이 아니라 애초의 세계인 '제로Zero'와 '공空'을 향하는 것이라고 말한다. 삶과 죽음이 각각 단절된 것이 아닌 것처럼 함동수 시인에게도 그것은 하나의 선형 안에 이어져 있는 세계이다.

  사라진 것들과 이제 곧 사라질 것들에 대해 생각한다. 그리고 죽음을 향해 가는 삶의 회한과 애틋함을 떠올린다. 문학은 대체로 비극을 통해 주제를 드러내며 세계를 구축한다. 그런 비극의 가운데 죽음이 있는 경우가 많다. 죽음은 문학 작품의 주요 소재로 사용되며 '지배적인 정황'을 만들어 낸다. 바로 이것으로부터 시적 정황과 감각은 나타난다. 함동수 시인 역시 죽음을 모티프로 내세워 시적 의지를 개진하고자 한다. 그러나 시인에게 죽음은 객관적 사건이나 타자화된 양상으로 다가오지 않는다. 그에게 죽음은 어떤 방식으로든 '나의 일'이 된다. 시인 자신의 생을 관통하는 죽음의 그림자를 응시하기도 하고 가족의 죽음에 애통해하기도 한다. 하지만 함동수 시인이 파악하는 죽음은 개인 차원에 머물지 않는다. 그가 말하는 죽음은 삶이라는 본질을 탐문하기 위한 사유로 기능한다.

  흙을 빚어 물레를 돌리다가 문득
  신이 마지막 날 흙을 빚어 인간을 만들었다는

성경구절을 생각하며

내 갈비뼈 하나쯤 뽑아서 흙을 빚어 콧바람을 불면
천사 같은 여인도 만들 수 있다는 호기가 생기네

나도 흙이었고 당신도 흙이어서
이렇게 곱게 빚어 천삼백 도로 시뻘겋게 구워
깨질까 부서질까 안절부절 살아왔는데

어쩌다 돌이라도 맞아 산산조각이 나면
깨진 파편은 천년이 지나도 흙으로 돌아갈 수 없이
평생 산산散散일 수밖에 없을 것이네

도자는 깨지면 다시 만들 수 있지만
당신은 다시 만들 수도 없으니
수천 년을 안절부절 어찌 바라만 보겠나

-「안절부절」 부분

함동수 시인이 응시하고 있는 세계는 삶 너머의 지점이다. 그에게 흙이라는 애초로 만든 도자는 완성된 세계가 아니다. 일반적으로 도자는 그 자체로 완성된 형태이자 결과물이다. 하지만 시인은 그것이 깨지기 쉬운 것임을 알고 있다. 그리고 돌아가야 할 곳이 '흙'이라고 생각하며 그곳으로 돌아갈 수 없음을 안타까워한다. "깨진 파편은 천년이 지나도 흙으로 돌아갈 수 없"는 것이기에 단 한 번뿐인 삶의 무상함에 안타까움을 느낀다. 그는 "도자는 깨지면 다시 만들 수 있지만" 우리의 삶은 "다시 만들 수도 없으니"라며 애초의 세계로 되돌아갈 수 없음을 고민한다. 깨지면 그만인 도자를 통해 시인이 말하고자 하는 것은 삶의 단절이나 끝이 아니다. 시인은 돌아갈 수 없는 도자의 운명을 통해 애초의 세계인 흙에 대한 지향 의지를 내세운다. 그는 원래의 지점으로 돌아갈 수 없음을 안타까워한다. 그러나 그것은 자포자기의 심정이 아니다. 도자가 깨진 것처럼 끝난 삶일지라도 그 이후의 세계를 고민하며 희망을 보고자 한다. 죽음이 삶을 대체할 수 없다고 해서 이전의 모든 시간마저 무화되는 것은 아니다. 시인은 깨지고 멈출 수밖에 없는 것들을 통해 우리 삶이 끝끝내 도달해야 하는 본향을 응시하고자 한다.

    동해를 거쳐 돌아오는
    애꿎은 효도 겨울 여행이 시라다

    올해로 아버지는 96세이고
    몇 해 전부터 시작과 끝의 기억들은

가기도 하고 멈추기도 한다

집에 가자는 아버지를 달래며 지나는 밤중에

겨우 안정된 칠흑 같은 산중은

아버지가 50년에 전쟁하러 뛰어다니다

그 부대가 주저앉아 어머니를 만나

고향이 돼버린 인제군 수복지다

전쟁터로 뛰어다니던 인제 땅

황혼에 둘러보는 인제는

산도 포성도 당신처럼 조용하기만 한데

이리저리 둘러봐야

보이는 건 모두 산수뿐이지만

아버지는 알 수 없는 그 어느

치열했던 전장戰場을 찾는지

정초에 떠나는 아버지와의 가족 여행

이제는 알 수 없는 기억 저편을

먼저 다녀오는지도 모른다

― 「인제에 가서」 전문

『오늘 밤은 두근거리는 통증처럼』은 죽음을 직접 호명하기보다 삶의 가운데 내장하여 말하고자 한다. 그런 점에서 이 시집은 죽음 너머를 이야기하기보다 노년에 이르기까지의 삶 전반을 해찰하고 있는 것인지도 모른다. 「인제에 가서」 역시 노년에 이른 아버지의 지난한 삶을 회고하는 내용을 담고 있다. "올해로 아버지는 96세"이고, 전쟁의 기억을 담고 있는 그는 몇 해 전부터 기억들이 "가기도 하고 멈추기도" 하는 중이다. 아버지의 삶을 응시하는 아들의 시선 역시 죽음을 직접 바라보기보다 지금까지의 삶에 대한 회고와 회한의 감정을 담고 있다. 오랜 여정 끝에 현재에 당도한 아버지의 삶은 여전히 과거에 놓인 듯싶기도 하다. 하지만 「인제에 가서」는 과거를 소환하며 죽음 너머를 예비하고 준비하는 듯한 태도를 보인다.

시인에게 96세 아버지의 삶은 머지않아 자신이 맞이해야 할 모습일 터다. 그러나 작품 속 시인의 시선이 응시하는 것은 아버지의 과거이다. 아버지의 현재는 과거와 연결되며 고요하게 침잠한다. 마치 더 나아갈 지점이 없는 삶처럼 말이다. 하지만 노쇠한 삶을 수긍하려는 시인의 태도는 자포자기의 심정과 거리가 멀다. 그는 삶의 본질을 꿰뚫고 그것을 받아들이려고 할 뿐이다. 그러한 태도가 삶에 대한 강력한 추동 의지는 아닐 테지만 삶에 대한 비극적 인식은 더더욱 아니다. 시인은 삶을 있는 그대로 받아들임으로써

순리대로 흘러가는 삶의 실체를 인정하고 수용하려고 한다. 죽음에 대한 태도 역시 그렇다. 이 시에서 시인은 아버지의 삶이 많이 남지 않았다는 것을 알고 있지만 흘러가는 삶을 애써 붙잡으려는 태도를 보이지 않는다. 죽음에 대해 이야기하려고 하지도 않는다. 여기에는 그저 늙은 아버지의 현재와 과거를 추억하려는 시인의 마음만 있다. 시인의 이런 자세는 죽음을 포함한 삶 전반을 있는 그대로 받아들이려는 태도로부터 기인한다.

웅덩이 속 한 줌의 송사리 떼
체온을 넘나드는 염천의 시간

갈증의 시절에 살길이라 몰려든 물웅덩이는
날이 갈수록 땡볕마저 사납게 쏟아져
개천은 이미 갈증이다

비극에
비극을 더하니 희극이 되고 마는 개천 바닥에
불볕더위를 피해 기어들어 간다고
해소될 일이 아니다

인간이 저지른 죄들이 도래했다고

원죄처럼 죄여 온다고

모두들 떠들어 왔지만

'과연 그게 다냐'고 묻고 싶은 날

- 「원죄」 부분

  삶에 천착하지 않는, 죽음을 삶의 일부로 받아들이는 듯한 시인의 태도는 「원죄」를 통해 분명해진다. 시인은 마치 모든 것이 부질없다는 듯 반성적 태도로 삶을 응시한다. 메마른 개천은 비극으로 점철된 우리 삶과 같은 것이지만 이러한 비극에 몸부림치며 울부짖지 않는다. 삶을 관조하는 시인의 태도는 비극 이후가 어떠해야 하는지 보여 주는 듯하다. 시인은 "불볕더위를 피해 기어들어 간다고" 고통이 해소되지 않는다고 말한다. "나날이 몰려오는 뜨거움"과 "극심한 갈증의 시간"에 한없이 숙연해지는 모습은 삶과 죽음을 대하는 시인의 태도와 비슷하다. 고통과 비극 그리고 죽음에 초연하고자 하는 것이 삶을 대하는 시인의 기본자세이다. 결국 시인은 살아가는 모든 순간은 물론이고 죽음까지도 삶의 연장선이라고 생각한다. 물론 삶의 비극이나 고통이 아무렇지도 않게 다가오는 건 아니다. 그것은 시인에게도 견딜 수 없는 통증으로 다가온다. 다만 그것마저도 삶의 한 부분으로 인식하고 수용하려는 태도가 돋보인다.

오전 10시

오늘도 어김없이

통점의 열차를 탄다

통과 순서대로 깊은 곳으로부터

드디어 통점의 문이 열린다

통증이 모습을 드러내려 하면

통증보다 공포가 먼저 달려든다

고독한 고통의 공간

흘러내리는 중력이 그대로 통증으로 치환되는 시간부터

혼미해지는 머리는 그대로 캄캄한 블랙아웃이다

감내할 수 있는 고통의 한계

이성의 극복 지점에 닿기 전 얼른

마약성 진통제를 털어 넣는다

그쯤에서 멈추라

껍질까지만 녹아라 그리고 퍼져라

무섭게 달려드는 공포는 끝내, 어느새

병원 응급실로 커브를 다급하게 돌고 있다

　　　　　　　　　　－「통증은 진보한다」 전문

시인이 구체적인 내용은 밝히고 있지 않지만, 시집 『오늘 밤은 두근거리는 통증처럼』을 관통하는 것은 '병'과 '통증'이다. 그리고 여기에는 당연한 것처럼 삶과 죽음에 대한 사유와 인식이 끈덕지게 달라붙는다. 시인의 '병'으로부터 비롯된 것임을 짐작할 수 있는 '통증'은 시인의 삶을 붙잡고 놓지 않는다. 어느 결에 통증은 시인의 전부가 된 것처럼 삶을 장악한 채 고통에 몰아넣는다. 하지만 이러한 상황 속에서도 시인은 끝까지 삶을 놓지 않는다. 그렇다고 병마와 싸워 이겨내고자 투쟁하는 양상은 아니다. 삶에 대한 강렬한 의지를 불태우기보다 '통증'을 있는 그대로 받아들이고 바라봄으로써 자신의 삶을 수용하려 한다.

시인이 겪고 있는 통증의 실체가 무엇인지 구체적으로 알 수는 없다. 그저 그가 병마와 싸우고 있고 그 과정 중에 극심한 통증을 견디고 있다고 짐작할 따름이다. 하지만 우리는 이 시를 읽으며 애써 통증의 실체를 알 필요가 없다. 여기에서 중요한 것은 병명이나 구체적인 증상이 아니라 통증 그 자체이기 때문이다. 시인이 견뎌야 하는 통증과 통점 그리고 "무섭게 달려오는 공포"는 그것만으로 삶을 견디기 힘든 극한으로 몰고 간다. 시인은 통증과 통점이 상징하는 본질을 이야기하려는 것이다. 본질적인 삶의 고통을 응시하며 사유하고 싶은 것이 시인의 마음일 것이다. 따라서 구체적인 사건이나 사연을 굳이 드러낼 필요는 없다. 시인이 삶 너머 죽음 그리고 죽음 너머 애초의 세계를 담으려 했던 것과 같은 이유에서이다. 함동수 시인은 구체적 실체인 사건보다 철학적 인식과 사유를 통해 시적 세계를 구축하고자 한다. 그럼으로써 그의 시는 더 깊고 넓은 심연과 만나게 된다.

>허공을 끌어안는 마음으로
>젖은 몸을 비우는 시간은 이젠
>흙으로 돌아가고 싶은 마음도 없이
>둥글게 부풀어간다
>
>햇빛도 들지 않는 그늘에서 아주 천천히
>둥근 몸을 말리다가 반짝
>어느 빛 좋은 날 유약을 몸에 두르고 다시
>그늘에 앉아 숨을 고르는 동안은
>깊은 고요가 토향에 취해 잠들곤 하지
>
>소성燒成으로 밤낮 하루 불길을 날려
>천 도를 넘나들며 혼백마저 하얗게 사라져
>나는 이미 어제의 내가 아니고
>수 겁을 지나 시원이 되었다가
>재가 되었다가 다시 돌이 되어 돌아갈 수 없는

완고를 이루고

톡 치면 온몸을 감싸고 흘러나는
향기로운 종소리가 메아리로 들려올 거야
흙에서 태어나 팽팽한 옹기의 굳은 의지는
햇볕 아래 오래도록 익어가며 너를 기다릴 거야

벌써 내 몸에선 진향이 나고 있어

　　　　　　　　　－「옹기의 시간」 전문

다시 흙에 대한 이야기를 해보도록 하자. 옹기는 이제 흙으로 돌아갈 수 없음을 알고 있다. 허공을 끌어안고 젖은 몸을 말리는 시간을 견디는 옹기는 그저 둥글게 부풀어 오를 뿐이다. 그렇다면 옹기는 정말 "흙으로 돌아가고 싶은 마음"이 없는 것일까? 시인은 옹기를 통해 돌아갈 수 없는 삶의 근원을 사유하고자 한다. 옹기는 우리의 삶 자체이며, 그것은 시인의 모습이기도 하다. 새로운 세계 속에 과거와 다른 삶을 산다는 것이 비극적인 것만은 아니다. 하지만 시인은 더 이상 예전의 모습으로 돌아갈 수 없다는 것이 상실일 수밖에 없다고 말한다. 그리하여 현재의 "나는 이미 어제의 내가 아니"다. 영원히 어제의 나로 돌아갈 수 없다는 것은 삶의 원형적 세계를 잃어버렸다는 것을 의미한다.

  이제 흙으로 돌아갈 수 없는 옹기는 "햇빛도 들지 않는 그늘에서 아주 천천히" 몸을 말리며 회한에 잠길지도 모른다. 그리고 "어느 빛 좋은 날 유약을 두르고" 숨을 고르며 아주 먼 과거의 어느 날을 떠올릴지도 모른다. 그리고 "돌아갈 수 없는 완고"를 이룬다는 것은 아주 슬픈 일일지도 모른다. 시인은 흙에서 태어난 옹기가 결코 처음의 흙으로 돌아갈 수 없음을 알고 있다. 시인은 우리의 삶이 '제로Zero'와 '공空'의 지점으로 환원될 수 없다고 생각한다. 바로 여기에 어찌할 수 없는 원초적 비극이 있다. 시인은 우리의 삶과 죽음이 처음 자리로 돌아가기를 희망하지만, 그것은 불가능한 바람일 뿐이다. 그렇다고 해서 그것을 포기할 수는 없는 법이다. 함동수 시인의 시적 지향은 바로 이 지점으로부터 비롯된다. 불가능하다는 것을 알면서도 포기하지 않는 것은 그 자체로 의미 있다. 어쩌면 시인은 도달할 수 없는, 이룰 수 없는 세계를 꿈꾸는 존재일지도 모른다. 함동수 시인은 병과 통증, 삶과 죽음을 통해 쉽게 도달할 수 없는 '너머'의 세계를 꿈꾸고 있다. 바로 여기에 시인의 자리가 마련된다. 그리하여 시집 『오늘 밤은 두근거리는 통증처럼』은 삶을 초극하는 언어이자 예언서로 읽힌다.

상상인 시인선 *057*

함동수 시집

오늘 밤은
두근거리는
통증처럼

지은이 함동수
초판인쇄 2024년 8월 7일 **초판발행** 2024년 8월 13일
펴낸곳 도서출판 상상인 **편집주간** 황정산 **펴낸이** 진혜진
표지디자인 최혜원 **기획·마케팅** 전은빈 최유림 노혜림 정현수
책임교정 길상화 **편집** 세종PNP
등록번호 제572-96-00959호 **등록일자** 2019년 6월 25일
주소 06621 서울시 서초구 서초대로74길 29, 904호
전화번호 02-747-1367, 010-7371-1871
팩스 02-747-1877 **전자우편** ssaangin@hanmail.net

ISBN 979-11-93093-59-7 (03810)

값 12,000원

* 이 책은 용인시 문학창작지원금을 지원받아 출판되었습니다.

* 이 책은 전부 또는 일부 내용을 재사용하려면 반드시 저작권자와 도서출판 상상인의 동의를 받아야 합니다

* 이 도서의 국립중앙도서관 출판시도서목록(CIP)은 서지정보유통지원시스템 홈페이지(http://seoji.nl.go.kr)와 국가자료공동목록시스템(http://www.nl.go.kr/kolisnet)에서 이용하실 수 있습니다.